LB 48.2050.

SUR

NAPOLÉON,

OU

REPONSE

AUX

JOURNAUX CONTRE-RÉVOLUTIONNAIRES

QUI S'INTITULENT :

QUOTIDIENNE, GAZETTE DE FRANCE, JOURNAL DES DÉBATS ET DRAPEAU BLANC.

PAR ALEXANDRE BARGINET (de Grenoble).

Est utique ut serpens hominis contacta salivis
Disperit, ac sese mandendo conficit ipsa.

Crachez sur un serpent, il se dévore, il se mange
lui-même et il meurt.

LUCRÈCE, liv. IV.

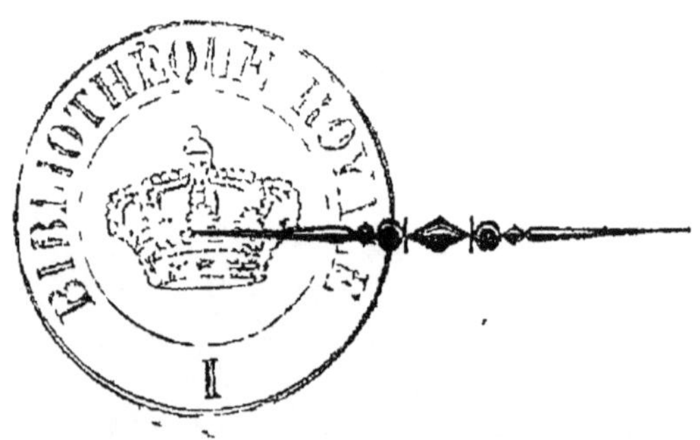

PARIS,

CHEZ TOUS LES MARCHANDS DE NOUVEAUTÉS.

1821.

SUR

NAPOLÉON.

— ❦ —

Quand un personnage auguste a donné d'honorables regrets à l'homme de la nation française, au plus grand génie des temps modernes, au vainqueur de l'Europe ; d'où vient que des voix serviles s'élévent encore parmi nous pour déverser l'outrage et la calomnie sur les mânes illustres, objet de la douleur des citoyens et des soldats ? Les hypocrites qui profanent sans cesse les mots de morale et de religion, sont trop familiers avec l'infâmie pour ne pas saisir l'occasion d'en mériter davantage.

L'indignation s'est emparée de mon âme à la lecture des feuilles séditieu-

sesoù les détracteurs de l'honneur français, impriment chaque jour leurs hon-
teuses espérances et leurs félicitations
coupables. Ennemis de la loi fondamen-
tale qui nous régit, tous les événemens
servent de pâture aux développemens de
leurs principes, ils dénaturent les faits,
donnent aux démarches les plus simples,
une coupable apparence, et rendent cri-
minels des vœux que la loi couvre de son
égide. Ah ! si quelque douleur se mêle aux
sentimens que j'éprouve, c'est la pensée
que j'écris contre des Français qui ont
proscrit à la voix des factions l'urbanité
nationale et les libertés de nos pères. Qu'on
ne me reproche pas de les imiter ; c'est ici
que la modération deviendrait coupable,
les accens de la vérité ne sauraient être
trop forts.

Que la mort imprévue de Napoléon ait
été le résultat d'un crime épouvantable,
ou une suite naturelle des infâmes traite-
mens auxquels il a été soumis, la fin de
ce grand homme n'a pas moins excité les

regrets de tout ce que la France possède encore de citoyens honnêtes. Ceux qui l'ont admiré dans les camps ont proclamé leurs généreuses pensées sur ce héros, ceux qui se souviennent que sa présence mit fin à l'anarchie et à nos malheureuses dissentions; qu'il rappela dans la France la religion exilée, et releva les autels abattus, qu'il porta l'ordre et l'économie dans les finances, qu'il publia un code, immortel recueil des lois les plus sages, qu'il couvrît la France de monumens utiles ou glorieux; ceux là ont aussi donné des larmes à sa mémoire: enfin ces jeunes gens espoir et ornement de la patrie, ces jeunes gens à qui rien de ce qui touche à la gloire ne peut être étranger, sont venus déposer sur sa tombe le tribut attendrissant de leur reconnaissance et de leur amour.

Dans tous les petits ouvrages, fruits d'un moment de souvenir, qui ont été publiés sur cet événement important, aucune expression injurieuse à la famille des Bourbons a-t-elle souillé des pages consacrées à la douleur ? Non, les Français ont ce sentiment délicat des convenances, qui leur fait saisir admirablement toutes les nuances d'une question générale. Ah ! ne peut-on donc plaindre l'infortune d'un homme digne d'un meilleur sort, sans outrager un Roi qui règne par les lois ? Est-ce insulter le sang d'Henri IV, que d'honorer le courage malheureux et la gloire dans l'exil ?..

Cependant aucun moyen d'iriter le gouvernement contre la nation en larmes n'a été épargné par ses perfides eunemis. Les insinuations les plus fausses ont été répandues et soutenues avec chaleur. Ils ont fait entendre un cri d'alarme, et proclamé la perte de la monarchie, si l'on continuait à donner des pleurs à Napoléon, comme si le cercueil couvert du manteau de Marengo pouvait s'ouvrir encore, et laisser reparaître vivant le triomphateur de l'Europe ! Il faut rendre justice aux ministres, leur conduite m'a étonné, car je les croyais incapables d'une action louable, ils ont fermé l'oreille à ces vociférations, je ne sais si c'est par crainte ou par respect, mais ils n'ont pas voulu joindre cette turpitude à l'immense faisceau de leurs fautes.

Les contre-révolutionnaires déboutés de ce côté, et las de ronger les os d'un cadavre, ont changé tout à coup leur conduite, sans cependant s'écarter de leur système. Voyez, se sont-ils écriés, voyez ceux qui prétendaient défendre la liberté, ceux qui se sont faits ses champions dans tous les temps, ils portent le deuil de Bonaparte ! Voilà surtout à quoi, je me propose de répondre.

Ce serait une absurdité de soutenir maintenant que le gouvernement de Napoléon n'était pas national. Tout ce que l'ignorance, la flatterie et la mauvaise foi ont dit à cet égard ne doit plus tromper personne, le temps a calmé les passions, et l'on peut aujourd'hui s'exprimer librement.

Il y avait deux êtres dans l'empereur, le conquérant et le grand homme. Les amis de la liberté constitutionnelle n'approuvèrent jamais sans doute les formes despotiques du gouvernement militaire. L'esprit de conquête, cependant, peut être avantageux à un peuple qui veut être libre, et souvent il devient l'inévitable conséquence de sa constitution. C'est ainsi que les Romains n'ont cessé de combattre que pour être asservis. Mais il est un terme où doit s'arrèter cette dangereuse passion de dominer, la grande faute de Napoléon, et peut-être sa seule faute, c'est d'avoir trop essayé ses forces contre les mêmes ennemis, à qui il fallait des fers, quand on pouvait leur en imposer, et non des traités de paix, qui les mettaient à même de réparer leurs pertes, et de préparer leur vengeance. La magnanimité est toujours une vertu, elle n'est pas souvent avantageuse aux nations.

L'empire qui succéda au gouvernement consulaire ne repoussa aucune des institutions de la révolution, l'égalité surtout fut le grand principe de ce règne, et le

respect qu'on eut alors pour le plus pré-
cieux droit de l'homme, explique suffi-
samment pourquoi des regrets ont suivi
Napoléon dans l'exil. Alors la Nation fit
des efforts incroyables pour soutenir le
cours donné à sa politique. La liberté fut
restreinte et les bases de la constitution
furent souvent violée, tout ce qu'on peut
dire pour la justification de l'empereur,
c'est que cela fut pour ainsi dire néces-
saire. Je le demande aux ministres de nos
jours, maintenant que la paix intérieure
de l'Etat est assurée, ont-ils plus de respect pour nos institutions? Que peuvent-
ils reprocher à Napoléon? N'ont-ils pas
abusé de leur pouvoir et dégradé la ma-
jesté de la représentation nationale? n'ont-
ils pas privé du droit d'élection deux mil-
lions de français? n'ont ils pas avoué que
le trône était en tutelle et que notre
liberté était soumise à des volontés étran-
gères? On sent où cela pourrait nous con-
duire, ce ne sont point des récriminations
que je veux faire.

Je ne prétends donc pas excuser Napoléon de ce qui n'est jamais excusable, l'oubli des principes constitutionnels en vertu desquels il régnait. La preuve qu'il est un instant séparé de la nation, c'est qu'il est tombé ; tel sera le sort de tous les princes qui veulent fonder une monarchie sur les débris d'une révolution et qui ne font pas attention que ces débris fumans ne peuvent être dispersés tout à coup.

Il y avait sous ce règne à jamais mémorable une grandeur de pensées et d'actions qui donnait au despotisme même un air de liberté. Mais des chaînes cachées sous des lauriers n'en sont pas moins pesantes, les citoyens pensans de la Nation sentaient bien que cet état de choses ne pouvait durer et qu'à défaut d'institutions tout devait passer avec l'homme. Comment ose-t-on donc avancer aujourd'hui que les mêmes individus qui s'impatientaient sous un joug aussi brillant puissent le regretter ! Cela ne peut s'expliquer que par des calomnies, et c'est une arme que les prétendus défenseurs de la légitimité emploient dans toutes les discussions politiques et morales.

On ne doit point assurer, sans doute, que personne en France ne rappelât le gouvernement dont le chef a été sacrifié à de modernes ambitions, mais on peut soutenir avec vérité que la majeure partie de la nation rejetterait avec mépris une semblable proposition. Il ne s'agit plus maintenant de choisir un souverain, il s'agit de conserver les Bourbons et la liberté, il s'agit de l'exécution entière du pacte constitutionnel, sans cette condition je soutiendrais peut-être un autre système.

Qu'appelle-t-on donc un *Bonapartiste?* est-ce le partisan du gouvernement impérial? Je crois avoir déjà dit que ce gouvernement n'avait aucun élément de durée, et qu'il tenait à l'existence de celui qui l'avait créé; avec Napoléon, cette constitution n'a pas pu se soutenir, sans Napoléon elle serait insupportable. L'homme sans génie qui hériterait de la grandeur et de l'immense pouvoir de l'empire serait un fléau ponr l'humanité. Ce serait donc une absurdité de rattacher des espérances et de désirer un état de choses, qui, non-seuseulement ne peut exister, mais qui n'est en rapport ni avec les besoins de l'état ni avec les vœux de la nation.

Un *Bonapartiste* serait-il au contraire celui, qui, rappelant à son esprit les grandes actions d'une révolution bienfaisante et glorieuse, accorde son respect et sès pensées à ce qui nous reste d'elle. Napoléon parut au milieu de tous nos triomphes, des Alpes aux Pyramides, son nom s'est mêlé dans nos chants de victoire. De quelque côté qu'un Français, tourne ses regards, un monument retrace à ses souvenirs le vainqueur de tant de peuples et le chef formidable que la nation éleva sur le bouclier et salua du nom d'empereur. Les rois de l'Europe n'avaient-il pas sanctionné cette illustration d'un héros! Ne s'est-il pas allié à eux et l'huile sainte n'a-t-elle pas été répandue sur sa tête par le pa-

triarche de la religion ? Cette ausgute céré-
monie n'avait-elle pas entouré sa personne
d'un respect et d'une grandeur que les
rois ne sont pas intéressés à nier ? Ah! si
c'est un préjugé chez le peuple, quels sont
ceux qui doivent le combattre ? N'est–ce
pas avec des préjugés qu'on règne et qu'on
obéit ? avec quoi a-t-on pu si souvent
violer la foi jurée et attenter aux droits les
plus chers des nations ?....

Sous ce dernier rapport, je ne vois pas
qu'il soit impossible d'aimer la liberté
constitutionnelle, et de donner des regrets
au héros de la France, à ce Napoléon que
ses ennemis et ses concitoyens ont unani-
mement appellé le Grand! C'est vainement
que des écrivains égarés par l'esprit de
parti cherchent à rendre criminelle cette
douleur qui se nourrit de souvenirs sur le
tombeau du vainqueur d'Austerlitz, ils ne
parviendront pas à égarer le Gouvernement, ni à donner naissance à des rigueurs
contre un peuple qui pleure sa gloire. Ah!
combien ne faut-il pas de liberté pour lui

faire oublier cette gloire dont la mémoire
donnera peut-être à nos enfans l'énergie et
le patriotisme qui semblent éteints parmi
nous. Lâches adulateurs, est-ce donc par
des chaînes de fer que vous voulez remplacer les couronnes de la victoire ? Est-ce
avec des lois d'exception et des ministres
imbécilles, qu'on veut faire renoncer sans
regrets le peuple français à sa souveraineté
européenne ?

Que si des personnes faibles ou crédules,
aiment assez peu la liberté pour regretter
l'empire, elles sont à plaindre et non pas
à punir, elles sont égarées et non pas coupables. Ce n'est point un crime que de
laisser surprendre son cœur par les mou-
vemens irrésistibles que fait naître la grandeur. Mais c'est un crime épouvantable
que de déchirer la vie d'un homme dont
tout a été admirable, jusqu'à l'esclavage
et la mort. C'est un crime que la nation
venge par ses regrets et ses larmes.... Que
desirez-vous donc, hommes inintelligibles
et cruels, vous l'avez insulté par vos louan-

ges, quand il était sur le trône, et que son despotisme révoltait jusqu'à ses vrais admirateurs. Il se confie à un peuple à qui il suppose un instant la magnanimité française ; ce peuple, au mépris de tous les droits et de tous les devoirs, le condamne à mourir d'une mort lente et douloureuse.. Eh ! grand Dieu !... l'on dévance peut-être ce moment..... Le supplice ne produisait pas un effet assez prompt....

Par quels horribles tourmens Napoléon devait-il donc expier quinze années de gloire et de grandeur ! Ces journaux qui ont toujours écrit en faveur du despotisme, voudraient-ils nous persuader que les usurpateurs n'ont pas seuls le droit d'opprimer les peuples ? Ces journaux qui compromettent chez l'étranger le caractère national, donnent à l'Europe l'idée la plus fausse de notre situation et de nos vœux. Vampires affamés, ils se sont jetés sur un cadavre, dont ils dispersent les ossemens... Aucune action de Napoléon que les français n'admirent ; aucune action que ces misérables n'entourent d'un mensonge atroce. La valeur républicaine du vainqueur de Marengo ; le courage admirable des soldats de l'empire, ne trouvent pas grâce devant eux. Continuez donc, sombres fantômes, à épouvanter les hommes par l'excès de votre audace et de votre infamie. Venez au pied de la colonne, il y a là des souvenirs qui vous écraseront de tout leur poids. ...

Mais le jour n'est peut-être pas éloigné où les français unis d'avantage à leurs rois, par la liberté, vous diront d'une voix terrible :

Vous accusez les libéraux d'avoir servi Napoléon et de le pleurer aujourd'hui ; nous vous accusons de l'avoir servi, de l'avoir flatté, de l'avoir trahi et de calomnier maintenant sa mémoire.

Vous accusez les libéraux de regretter le despotisme ; nous vous accusons de vouloir l'établir, nous vous accusons de le préconiser sans cesse, nous vous accusons d'avoir violé la constitution, nous vous accusons d'avoir incendié nos maisons, assassiné nos pères, nos enfans et nos femmes; nous vous accusons d'avoir le crucifix à la main, ranimé les haines, et séparé peut-être pour toujours des cœurs prêts à se réunir.

Vous accusez les libéraux d'impiété; nous vous accusons d'avoir détruit les libertés ancienne des notre église, en soumettant la discipline ecclésiastique à un évêque de Rome; nous vous accusons d'insulter à la misère publique, en couvrant la France de prélats, tandis qu'une foule de communes manquent de pasteurs, nous vous accusons de détruire le respect qu'on doit au culte, en rétablissant des congrégations religieuses que la Nation a condannées comme immorales et contraires à la pureté évangélique; en donnant de nouveau au peuple, trop éclairé maintenant pour ne pas en gémir, le spectacle profane de vos momeries et de vos turpitudes.

Enfin vous accusez les libéraux de ne pas aimer franchement les Bourbons, nous vous accusons de les avoir abandonnés deux fois, nous vous accusons de les trahir, en les entraînant chaque jour à commettre des actes contraires à leurs promesses et à leur loyauté, nous vous accusons de les tromper en leur montrant la nation toujours prête à se révolter, nous vous accusons de vouloir les perdre en arrachant tous les jours une pierre à l'édifice constitionnel.

Les Bourbons sous l'égide de la Charte et des lois sont en sûreté parmi nous; quand ils voudront, leur trône sera encore le premier de tous; c'est donc vous qui êtes des factieux, c'est donc vous qui voulez tout détruire et remplacer les lois par des privilèges.

Oui, vous êtes des factieux, implacables ennemis de la gloire et du repos de la France, vous êtes des factieux que le temps n'a pu corriger et qui n'avez jamais perdu l'espoir de voir réaliser vos rêves sinistres. Mais la France veille et ceux qui l'ont déjà sauvée tant de fois, ne sont pas tous morts

dans l'exil où sous le fer de vos bour-
reaux........

Pour nous, pleins de confiance dans le
Roi, nous croyons qu'il entendra les vœux
d'un peuple libre, et que nous éléverons
bientôt sur le sol de la patrie, la tombe
de Napoléon-le-Grand.

FIN.

Opuscules du même Auteur.

L'Apocalypse de 1821, ou Songe d'un homme éveillé, broch. iu-8º. Prix : 1 fr.

La Nuit de Sainte-Hélène, héroïde sur le tombeau de Napoléon-le-Grand, 2e édition, in-8º. Prix : 1 fr.

SOUS PRESSE POUR PARAÎTRE INCESSAMMENT.

Histoire véritable de Tchen-Tcheon-Li, mandarin lettré, et premier ministre de l'empereur Tien-Ki, in-8º. Prix : 1 fr. 50 cent. et 1 fr. 75 cent. par la poste.

Voyage en France (depuis la mort de Napoléon) de Mirza-Nadir-Abul, prince indien, in-8º. Prix: 2 fr.

Ces hrochures se vendent chez Corréard, libraire, Palais-Royal, galerie de bois.